Para mi maravillosa sobrina Zoey.
Recuerda que tus oportunidades
en la vida son ilimitadas.

www.likemebook.com

Como Yo

Para obtener más información, póngase en contacto:
QW Holdings, LLC
info@qwoodard.com

Número de control de la Biblioteca del Congreso: 2019904759

CPSIA Código: PRT0919A
ISBN-13: 979-8-67424-464-6

Impreso en los Estados Unidos

COMO YO

Escrito por **Quinn Woodard**

Ilustrado por **Srimalie Bassani**

Muy bien clase, mañana es el día de las profesiones.
Espero que todos se disfracen y estén preparados
para compartir lo que quieren ser y el por qué.
¡Todo es posible, así que dejen volar su imaginación!

¿Qué te pasa, Zoey?

¿No estás emocionada por el
día de las profesiones?
Yo quiero ser científica, y tengo
mucho que decir.

Bueno, eso es genial Liza...Amo la ciencia y las matemáticas,
pero es difícil ver lo que quiero ser
cuando nadie es como yo.

Vamos Zoey, no te preocupes. Hay muchas
profesiones geniales en la rama de las ciencias.
¡Solo que todavía no has oído hablar de ellas!

¿Te gustan las matemáticas? ¿Como 2 + 2?
¡Entonces tengo la carrera perfecta para ti!

¿Cuál es esa?

¡Una matemática!

¿Sabías que nada es más rápido
que la velocidad de la luz?
¿O que hay cuatro fuerzas que
mantienen a los aviones en vuelo?

¿Has oído hablar de Isaac Newton y la manzana que
cayó? ¡Bueno, él tenia 3 leyes y para esta carrera,
necesitarás conocerlas bien!

¿Cuál es esa?

¡Una física!

¿Sabías que el agua también se conoce como H_2O?
¿O que los líquidos tienen propiedades especiales que los hacen fluir?

¿Alguna vez has sentido curiosidad por saber qué hace al refresco gaseoso? ¡Toma una bata y un vaso de laboratorio y podrás ser esto!

¿Cuál es esa?

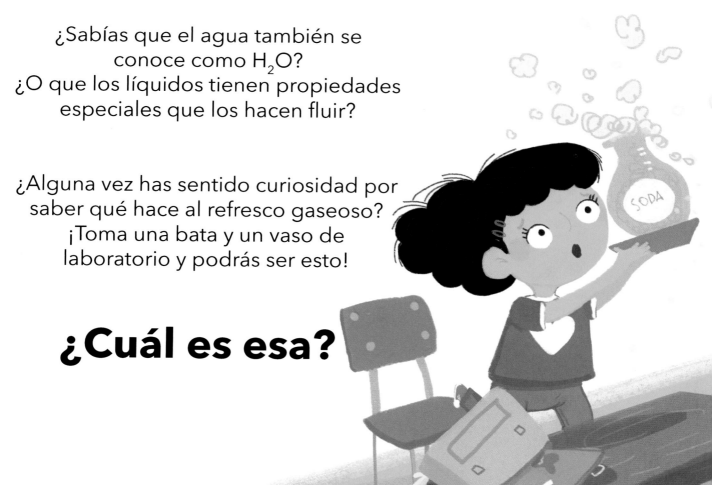

¡Una química!

¿Te gustan las estrellas,
la luna y los
planetas en el cielo?
¡Súbete a un cohete y
llegarás muy alto!

¡Recuerda ponerte un casco
para proteger tu cara cuando
vayas a explorar el espacio exterior!

¿Cuál es esa?

¡Una astronauta!

¿Te gusta arreglar cosas?
¿O determinar la fuerza de los resortes?
¿Te gusta encontrar soluciones a las problemas,
usando solo un lápiz y tu mente para resolverlos?

¿Cuál es esa?

¡Una ingeniera!

LAVA STONE

QUARTZ

HEMATITE

CHROMITE

¿Te gustan las rocas y
cavar en la tierra?
¿O encontrar metales preciosos y
determinar su valor?

¿Estás interesada en lo que hay
debajo de tus pies? ¿La corteza, la lava y
el núcleo que completan nuestra tierra?

¿Cuál es esa?

QUARTZ

GREEN OPAL

ASH CLOUD

CRATER

LAVA FLOW

LAYERS
OF LAVA

BEDROCK

¡Una geóloga!

¿Te has preguntado cómo funciona ese juego en el teléfono de tu mamá? ¿O cómo esa aplicación siempre nos lleva a casa?

¿O por qué un robot siempre hace lo que se le dice? ¡Todo esto es posible si aprendes a codificar!

¿Cuál es esa?

¡Una Científica de Computación!

¿Te has preguntado cómo crecen las plantas?
¿O por qué las flores vienen
en todos los colores del arco iris?

¿Por qué algunos árboles se vuelven rojos y
anaranjados en otoño mientras que otros
nunca cambian en absoluto?

Cuál es esa?

LIFE

¡Una botánica!

Como puedes ver Zoey, hay muchas profesiones en ciencias y matemáticas, y muchos pioneros que han trazado el camino.

Mae Jemison y George Washington Carver, solo por nombrar algunos. ¡Ambos fueron grandes científicos, y se parecen a ti!

¡Espero que veas ahora que hay tantas posibilidades!

¡Solo recuerda,

STEM es la clave!

Katherine Johnson

Katherine Johnson era una matemática de la NASA cuyos cálculos ayudaron a los Estados Unidos a aterrizar el primer vehículo tripulado en la Luna.

Luis Walter Alvarez

Luis Alvarez fue un físico galardonado con el Premio Nobel de la Paz en Física. Sus experimentos con partículas subatómicas fueron innovadores. También ayudó en varios proyectos de radar durante la Segunda Guerra Mundial.

Mae Jemison

Mae Jemison es ingeniera química, doctora y astronauta. Ella fue la primera mujer afroamericana en el espacio.

Garrett Morgan

Garrett Morgan fue un inventor y empresario. Inventó una versión temprana del semáforo moderno, un producto para alisar el cabello y una capucha de seguridad que se consideraría una máscara de gas moderna.

George Washington Carver

George Washington Carver fue un botánico cuya investigación se centró en el maní. Encontró más de 300 usos para el maní y eventualmente se convirtió en pionero del cultivo.

Agrega tu foto aquí como pionero liderando el sendero

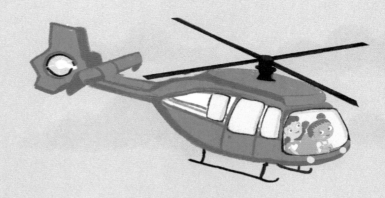

SOBRE EL AUTOR

Quinn Woodard es un vocero de STEM, mentor, autor y orador. A una temprana edad, demostró una aptitud para la matemática. Sin embargo, fue hasta la escuela secundaria cuando a través del Project Lead the Way conoció las profesiones de STEM. Al completar el programa, aprovechó su nuevo aprecio por STEM para estudiar su licenciatura en Ingeniería Eléctrica en la Universidad de Tulsa. Fue durante sus estudios de ingeniería que se dio cuenta que no había muchas personas dentro de STEM que se parecieran a él. A través de su envolvimiento siendo parte del comité asesor curricular, el asesoramiento de estudiantes, y su experiencia personal, Quinn se dio cuenta que exponer a los estudiantes de grupos minoritarios a STEM a una temprana edad es crucial. Mediante su libro, *Como Yo*, espera brindar esa exposición y proveer una breve lección de historia de aquellos que vinieron primero.

GLOSARIO

Velocidad de la luz: velocidad a la que las ondas de luz se propagan a través de diferentes materiales. En el vacío, se define exactamente como 299,792,458 metros por segundo.

Cuatro fuerzas que actúan en un avión: sustentación, peso, empuje y resistencia.

Sustentación: la fuerza que empuja el avión hacia arriba.

Peso: la fuerza que hala el avión hacia la tierra.

Empuje: la fuerza que mueve el avión hacia adelante.

Resistencia: la fuerza que ayuda a desacelerar el avión.

Primera ley de Newton: todo objeto en un estado de movimiento uniforme tiende a permanecer en ese estado de movimiento a menos que se le aplique una fuerza externa.

Segunda ley de Newton: la relación entre la masa (m) de un objeto, su aceleración (a), y la fuerza aplicada (F) es $F = ma$.

Tercera ley de Newton: para cada acción, hay una reacción igual y opuesta.

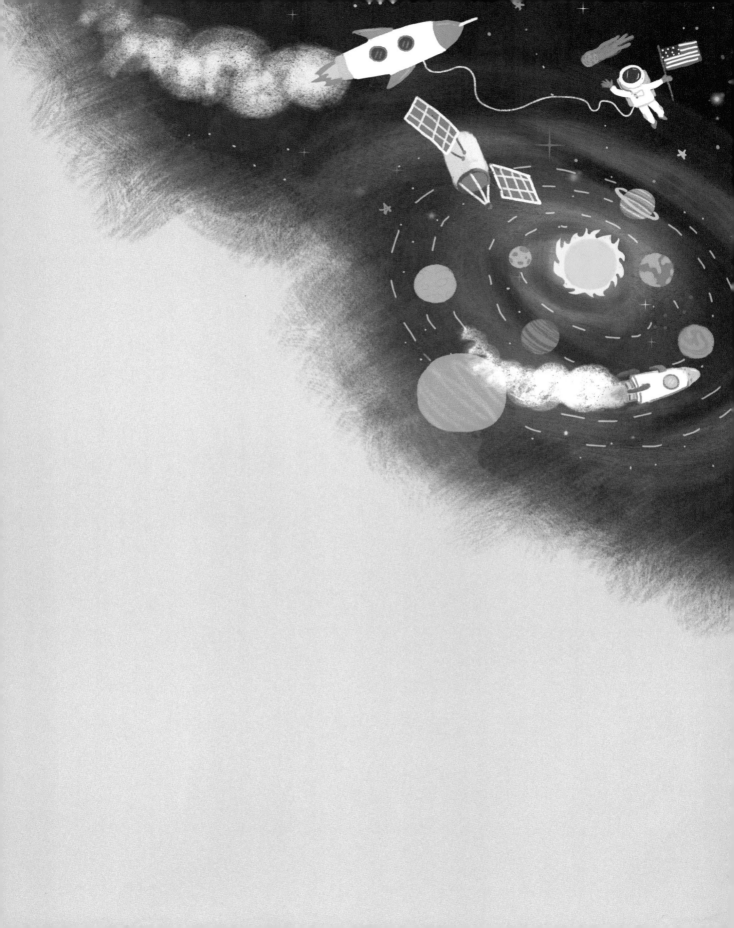

Made in the USA
Middletown, DE
28 February 2022

61964148R00022